U0115840

飲水思源——我的一生

李鏡輝 著

目次

序一

　　西元二〇一二年十二月二日剛好參加臺南北區家扶中心，寒冬送暖活動，中午回到家，內人美慧告之有件重要事情，原來大姊夫將出版傳記，要我為他寫序文。下午親自打電話給大姊夫，他說這是他多年來的心願，書名《飲水思源——我的一生》，大姊夫與大姊的生活過程，與我成長的經歷，可說息息相關，他是我最敬重的長者，能為他的著作寫序文，實在是我最大的榮幸。

　　同月四日早上收到掛號郵件，雖然在博登藥局相當忙碌，仍迫不急待打開閱讀傳記，真的往事只能回味，每一段生活過程皆讓我歷歷在目，不禁熱淚盈眶。

　　大姊大我九歲，她結婚時，我還是國小六年級學生，尚記得迎娶大姊的喜車離開時，我撿起大姊從車窗內丟出的扇子，記得大人相當忙碌，全家喜氣洋洋。西元一九六一年十月二十五日，外甥一民誕生，媽媽至中興新村幫忙大姊坐月子，順便幫忙照顧孩子，日後每逢大姊坐月子，皆有媽媽與我參與，尤其寒暑假住在寧靜景色怡人的中興新村，心靈上更感受到無比的舒暢，像是渡假一樣，另外每逢周末與姊夫全家至中興會堂看電影，可說一大享受，令人回味無窮。

　　大姊夫雖然是農家子弟，但從小勤奮儉樸，認真讀書，努力向上，從不懈怠，在長達四十五年的公務員生涯，從基層員工，

一直到簡任職等退休，誠屬不易，他在工作中的每一階段，皆嚴以律己，寬以待人，奉公守法，勇於負責，令人敬佩。

俗話說得好，百善孝為先，樹欲靜而風不止，子欲養而親不待，大姊夫侍親至孝，雖然遠在他方工作，除非有重要事情，否則每週日皆回去探望父母，幫忙家務，數十年如一日，從不間斷，每逢節慶一定全家回鄉，與家人歡聚，享受天倫之樂，實在難得。

大姊個性溫柔，賢淑端莊，大姊夫體貼有愛心，一路走來，夫婦鶼鰈情深，恩愛逾恒，的確印證媽媽當年將姊姊嫁給姊夫的抉擇是正確的。

夫婦倆教育子女有方，大姊夫晚間陪孩子讀書，隨時督導，大姊則廚藝精湛，時時展現愛心關照無微不至，分別扮演嚴父、慈母角色。

兩對兒女，從小聰穎伶俐乖巧、彬彬有禮，目前分別擔任醫師、法官、教授等職務，且有二位榮獲博士學位，學有所成，貢獻社會，可說一門四傑，誠為幸福美滿的家庭典範。

大姊夫從公職退休後，仍精進涉獵各類書籍，並勤讀英文，令人讚嘆，尤其為了完成這本傳記，至圖書館收集多方資料，撰寫李氏祖宗族譜系，且敘述從他出生、童年、學生生活、服兵役、服公職、婚姻、子女教育、銀髮生活，句句真情流露，令人感動不已。尤其對父母之情，從字裡行間，表達出無比的緬懷之意，對妻子之情，從「永遠情人──愛妻貞子」這篇的敘述中，看得出大姊夫及大姊這對結婚五十多年的夫婦，彼此表現出無盡

摯愛，愈老彌堅，是多麼恩愛幸福，令人羨慕。

在大姊夫出版《飲水思源──我的一生》這本傳記之際，我也藉此誠摯的感謝大姊夫及姊姊，從我大學畢業、服兵役、就業、結婚、生子，創立博登人安藥局等重要人生過程，皆給予我及家人無比的照顧與關懷，真是感激不盡，尤其在媽媽晚年病痛，大姊夫背著體弱的媽媽就醫畫面，雖事隔十多年，至今仍浮現眼前，讓我不禁潸然淚下，感恩在內心深處。

這本傳記，敘述李家努力奮鬥成長過程，及各種優良傳統美德，也是大姊夫嘔心之作，可傳承作為後代子孫的座右銘，當做李氏家族傳家之寶，祝福大姊夫、大姊全家平安吉祥，幸福美滿快樂。

博登人安藥局負責人兼藥師　陳立人

序于2012年12月16日

序二

　　夫君思維著墨一篇「一生傳記」，用以留傳子孫後代，思古懷今；余乃多方鼓舞，協助搜集資料，整理泛黃的舊照片，此事終成事實，真替夫君高興。

　　余娘家與夫君家住同村，兩家都是務農為生，長輩是世代摯友，在農事工作上相助相扶。余童年時對李家二少爺，有著特殊印象，覺得他能吃苦耐勞，協助雙親參與農事，又能力求上進，努力用功讀書，是農村的一位好少年郎。當我高中三年級時竟意外的收到一張他寄來的聖誕賀卡，這張小小賀卡敲開了我的心扉，……。

　　我倆婚後，夫君對我百般呵護，也本愛屋及烏，對我家人照顧有加，我內心深深感激。我倆一生共同努力，依著勤儉持家，來培育子女，一步一步小心翼翼行走，幸老天保佑，終於讓我倆得到小康無憂無慮的小小世界。

　　夫君生性耿直，公私分明，有膽識，有愛心，有禮貌，且富正義感，尊敬長輩，與人相處和諧。在家夫君是一位極為嚴謹的父親，嚴中帶有愛，對小孩愛護備致，夜晚自習時間親自陪伴，假日親自率他（她）們外出運動，和他（她）們混合組隊兩人一組參與乒乓球、網球雙打比賽，玩得不亦樂乎。惟對兒女管教稍嚴，但夫君常說：「嚴父始能出孝子」，果真不錯兩對兒女已長

大了，個個都彬彬有禮受人疼愛。

　　我很幸運陪伴夫君已有五十二年，夫君的一生我佔有三分之二，夫君很誠懇的記下他和我共同走過的一生，我是第一個閱讀者，眞是太榮幸了，盼此傳記能永遠留下陪伴我子孫並共勉之。

妻　陳貞子

序于2012年11月16日

自序

　　這是一本專供撰作者，後代子孫閱讀的書籍。作者鑑於子女年幼時重在遊戲，童、少年又專責於書本，青、壯年離家進入職場，婚後倆小口在外生活，無參與大家庭生活的機會，與長輩盤腳相處聊天的情境，對家族的疏遠，親戚、宗親的淵源，幾近模糊，亟需有專著留供後人閱覽；俗云「一代伯、叔、姑、舅、姨、二代堂、表兄、弟、姊、妹、三代彼此不相識」。為增進親屬間關係，作者乃趁年近古稀，頭腦尚清晰，撰作此書。此乃作者撰寫此書之動機也。

　　我漢民族皆是炎黃子孫，為求證此事實，乃求助各大圖書館，並趁各館展示各姓氏譜系活動機會前往閱讀。所幸「李」姓乃國之大姓，很容易查獲黃帝譜系中，載有第三十五代利貞公逃難伊侯之墟，食「木子」得全，改「理」為「李」，乃我「李」姓始祖第一世代。本書對「李」姓始祖利貞公起至作者止，譜系有顯著臚列。又作者從事公職逾四十五年，由初級委任逐步爬升至簡任官職，六十五歲屆齡退休之重要記事，暨宗親之祭祀公業演變處理經過，家母、家父仙逝，年老含飴弄孫，養生保健均略有清楚的刻劃，藉此供我子孫共享之。

　　用了將近三個月時間整理資料，由初稿、再稿、三稿，至第四稿始完成定稿；在寫作中，蒙愛妻協助校正白錯字，尋覓可用

照片，大女兒秀娟重建照片之數位底片；重洗照片，二女兒再校
稿堪正錯別字，賢妻舅博登人安藥局負責人陳立人賜予序文，都
非常辛勞，在此深深致謝。

李鏡輝

自序于2012年11月16日

壹　前述

　　人生短短數十年，剎那間，我的這一生就快要走完了！

　　一生中諸多喜、怒、歡、悲與離合，或因準備不夠或因缺少堅強的意志力，縱失好的機運，未能獲得更好成就，而餘恨綿綿。

　　本篇傳記，純以誠實敘述，作者一生中聽到、看到、走過、做過的一切，讓後面接續者，瞭解代代祖宗辛苦、流血、流汗留下的面貌，繼續勇敢往前走，締造一個更美好的家園，交給您的下一代這樣一代一代力求進步，相信我天上的祖靈，會笑逐顏開，引為慰。

　　謹錄述鄉間留存，敘述先人來臺打天下的苦景，供後人緬懷先人的苦勞：「唐山過臺灣，沒半點錢，剎猛拚耕山、耕田，咬薑啜醋幾十年。」望後人能體驗之。並請切記「生產好似搖錢樹，節儉猶如聚寶盆，勤勞能產萬抹糧，用心擁有全宇宙」。盼後人接繼努力之。

▲於二〇一一年由書法大師張森源先生書立策勉子孫匾額

貳 我的祖宗

一 祖宗來處

作者是黃帝的子孫，這句話是千眞萬確的。現以黃帝譜系李姓以前世系臚列如下：

1		2		3		4		5		6		7	
黃帝	→	昌意	→	顓頊	→	仲容	→	夷	→	武恒	→	伯辛	→

8		9		10		11		12		13		14	
皋陶	→	伯益	→	恩成	→	昭	→	禎	→	正	→	微	→

15		16		17		18		19		20		21	
苞	→	蟜	→	蓮	→	端金	→	勉之	→	和	→	通	→

22.		23		24		25		26		27		28	
重	→	其野	→	車	→	造父	→	昔作	→	襄	→	珉	→

29		30		31		32		33		34		35
洛	→	禮之	→	玖	→	蘇	→	大齊	→	理徵	→	利貞

　　「李」姓先肇自「黃帝」譜系第三代「顓頊」公高陽氏，贏姓。第八代裔孫「皋陶」公，為堯帝之大理、歷虞、夏、商三朝子孫世襲大理，以官命族為「理」氏；第三十五代「利貞」公逃難伊侯之墟，食木子得全，將「理」改為「李」，「李」姓使於此。

　　利貞公為李之始祖，是李姓第一代。李姓第五十代「淵」公字「叔德」為隋朝山西河東防慰大使，定居長安，得次子「世民」公輔助成帝業，建立我「李」姓之王朝，為唐朝高祖皇帝；唐朝歷經二十一主、十五代二八九年，為朱溫所滅，被滅後歷經梁、唐、晉、漢、周五代，始為宋朝一統天下，被貶為庶民。（李姓世系篇幅較長另以附錄附後）。

　　「李」姓第七十五代珠公，自隴西即今甘肅省鞏昌府隴西縣，以宋、元兵亂，於宋末遷至福建邵武，再遷至長汀府寧化縣石壁村。珠公生五子，以金、木、水、火、土為號，四子「火德」公是我系之所出，原居寧化縣石壁村，乃因宋、元兵亂，偕其妻伍氏，避居於福建上坑縣勝運里豐朗崗，因見山秀土肥，民醇俗美，遂家焉；為我族遷閩臺之始。惟依來臺之我族先人留存譜系記載，我系由閩遷臺前之譜系為：

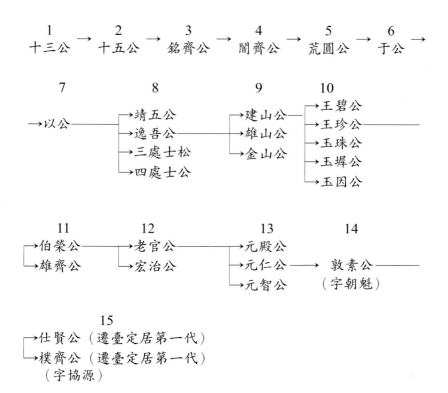

我系遷閩祖譜一世祖「十三」公，二世祖「十五」公，三世祖銘齊公，遍查「火德」公譜系，無從稽考，諒或係以字代名所致；唯我系來自閩西福建上坑縣東門街，為「火德」公三子「三三郎」字「朝美」公裔孫住居所在地，我系出自火德公似無疑問，惟其轉接出處，有待後人再細尋追補與求證。

二　來臺後族譜

　　樸齊公於西元一七六一年時值二十四歲，偕同祖父之元仁

公，父親敦素公由福建渡海來臺，初擇居彰化燕霧上堡白沙坑魚苗寮宅，經六年辛苦墾荒後初立根基。祖父元仁公，父親敦素公年老返回福建原住地終老，留下仕賢公樸齊公兩兄弟定居臺灣，乃為我系來臺定居之第一世代。嗣兩兄弟因樹已長大分枝，仕賢公遷居同庄赤土崎稻程仔腳，樸齊公移住同庄赤土崎新厝內，各自率子、女闢地耕種，自求發展。嗣仕賢公，樸齊公二大房子孫，為供奉敦素公及居住大陸諸先祖，乃以與先祖元仁公、敦素公合力墾得之魚苗寮一片耕地連同初擇居建地成立祭祀公業李朝魁，以敦素公別號定名，由二大房子孫輪作，收入用以祭祀敦素公等先祖；嗣日本佔據臺灣辦理地產驗契時以祭祀公業李朝魁完成登記，此即所謂李家之大公也。樸齊公定居同庄新厝內，於西元一七七八年辭世，距生西元一七三七年享年四十一歲，育有四子高騰、高崧、高占、高德四大房，亦以移居新厝內新墾得白沙坑段九六三號建地與同段九八二號等筆耕地，成立祭祀公業李協源，由四大房子孫輪管耕作（建地部分供子孫需要時使用），以其收入用以祭祀樸齊公等先祖，同樣於日本據臺時以「祭祀公業李協源（樸齊公之別號命令），完成財產登記。此即所謂李家小公也。

　　茲將我族來臺定居第一代樸齊公譜系列載於下：

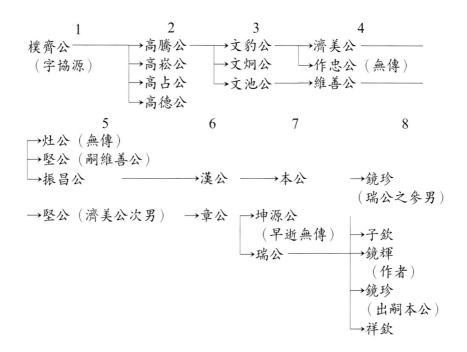

　　本傳記作者為樸齊公來臺定居之第八代裔孫，出生於西元一九三五年，樸齊公西元一七三七年出生，相距一九八年；與遷閩先祖火德公，西元一二○六年出生相距七二九年。與李姓第五十代淵公於西元六一八年滅隋朝建立唐朝稱帝，帝號唐高祖相距一三一八年。

　　率樸齊公等二兄弟來臺祖父元仁公，源自汀洲府上坑縣東門縣（原系寧化縣石壁鄉分出），元仁公之前，家譜載於「得清溪家譜」內，原屬長房長逸吾房，省資派。茲摘錄如下（該族譜由居住於彰化市之族親李富公保管中）

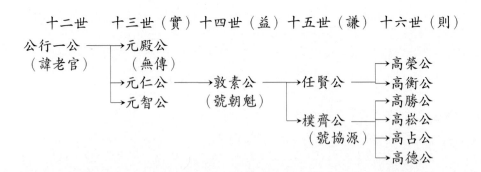

十二世　　十三世（實）十四世（益）十五世（謙）十六世（則）

公行一公　──→元殿公
（諱老官）　　（無傳）

　　　　　──→元仁公　──→敦素公　　──→任賢公　──→高榮公
　　　　　──→元智公　　（號朝魁）　　　　　　　──→高衡公

　　　　　　　　　　　　　　　　　　──→樸齊公　──→高勝公
　　　　　　　　　　　　　　　　　　　（號協源）──→高崧公
　　　　　　　　　　　　　　　　　　　　　　　　──→高占公
　　　　　　　　　　　　　　　　　　　　　　　　──→高德公

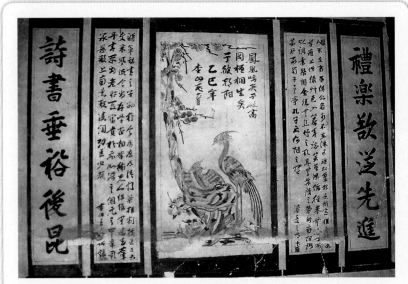

▲一八四五年所建家祠三川堂內華麗壁畫剪影

參　出生與童年

作者出生於西元一九三五年（民國二十四年，日本昭和十年）歲次乙亥年八月二十五日（農曆七月十二日），出生地：彰化縣花壇鄉長沙村赤土崎新厝內，即李家祖厝，地址為彰化縣花壇鄉長沙村彰員路二一五號，現重編門牌號為「彰員路二段八九七號。出生當時臺灣因清朝中日甲午之戰敗戰，依馬關條約臺灣割讓日

▲一九四八年國小畢業半身照

本，屬日本殖民地，由日本掌管治理已有四十年。作者出生排行第三，上有大姊鳳嬌，大哥子欽，下有三弟鏡珍，四弟祥欽，二妹春子，三妹昌子。家父世居赤土崎新厝內，以務農為生。家母黃罔女士，另名淑女，係彰化市大埔人氏，二十二歲出嫁我家，與家父同心協力，從事農耕工作，為期全心全力，乃說服家父首肯將二位妹妹於出生後送給同鄉灣口村李深圳先生與李德先生收養。家裡僅留大姊與四位兄弟一家七口。

　　童年時因父母忙於田間耕耘，就將大哥與作者留在家裡，由大作者六歲的大姊負責照應，父母外出工作時，家門深鎖，留作者姊弟三人在門堤上坐著玩耍，一面看守家，一面等媽媽回來煮午、晚餐，偶而遠住同鄉長春村姑媽（家父的胞姊）回娘家，作者姊弟都欣喜若狂，因為姑媽會帶很多糕餅、糖或水果分給我們吃，當時姑媽家較富裕，姑媽也會資助我們家；總之作者的童年在家裡乖乖聽姊、哥的話，過著受照顧的幸福生涯。

　　西元一九四二年（民國三十一年，昭和十七年）作者已年滿七歲，於當年四月一日進入花壇國民小學接受小學教育（日本學制是採四月制），因農家小孩，學前未受幼稚班教育起步輸了，小學一、二年級成績平平，直至西元一九四五年第二次世界大戰

▲一九三五年出生地原址

結束，日本投降，臺灣回歸中華民國，自三年級第二學期起改受中文教育同學齊一從頭開始，作者成績逐漸好轉，可以和同學並駕齊驅，進而可一決雌雄。

　　在小學六年生活中，雙親忙於農耕，家裡飼養耕牛幫助耕作，週日、例假日或下午停課時間，雖年紀尚小，就與鄰居叔、伯宗親們一齊趕牛上山放牛吃草，當著道地的農村放牛小孩；綜上言之，小學階級上學讀書與課餘假日放牛是作者生活的全部。

肆　初、高中生活

　　西元一九四八年（民國三十七年）七月小學畢業，這個時候初、高中教育分為職業學校與普通中學兩大類別，職業學校又有商職、工職、農職與家職四種，供小學畢業生選擇，家父要作者讀商校，經小學老師認可後報考省立彰化商業職業學校，有幸錄取（花壇國小當屆畢業生考取四位）。在初中三年中，除兼顧幫忙家中農事外，勤於讀書作功課，除音樂、美術兩科成績較遜外，其餘專科，一般科目成績均甚優異，初中三年畢業，美中不

▲一九五一年初商部畢業與花壇區校友合影

足的是未獲直升同校高商部的榮耀。乃以初商畢業生報考同校高商部，結果作者以當屆招生高商部榜首獲錄取。

　　三年的高商生活在沒有升大學的課業負擔之下，很順利很愉快過了，西元一九五四年七月高商畢業，當時政府為每屆高職以上畢業生就業需要，每年舉辦特種考試——臺灣省專科以上學校及高級職業學校畢業生就業考試，讓各類別畢業生報名參加考試，作者雖獲錄取，但考試成績排名僅獲中上，因此依成績分發就業時，作者僅獲分發臺灣省政府財政廳服務，成績優者獲分發臺灣銀行工作，這是一試定終身的一件憾事。

▲一九五二年省立彰化商職校園留影

▲一九五三年高商部三年級時與同學留影

伍　服兵役

　　西元一九五四年高商職畢
業，於同年八月間參加考試
院舉辦畢業生就業考試，十月
底榜示獲錄取後，十一月間應
召接受高中畢業生為期四個月
（十六週）預備士官訓練；受
訓地點，在臺中市郊臺中縣大
里鄉竹子坑陸軍新兵訓練基
地，這是作者首次離家接受
服兵役的開始。訓練項目包括
單兵基本訓練，班、排連基本
訓練，戰鬥訓練各種兵器的認

▲一九五二年十一月兵工學
校專長訓練半身照

識，使用與實彈打靶等極為嚴格的軍人訓練。每週只有週日上午
九時起至十二時止在營區放假與家裡的親友會面，這是一週中最
輕鬆唯一的三個小時。

　　每週營區放會客假的三個寶貴小時，作者的爸爸就遠從花壇
搭火車先到臺中火車站，再轉搭小火車到竹子坑車站，步行至
營區來會見作者，老人家一定隨手攜帶一些豬肉乾（媽媽親手做
的），彎糕、各種水果等等；會客時間是自上午九時起至中午十

一時三十分結束；當會客時間快結束，送父親至營區大門，看著年近六旬的父親大人，拖著疲憊的身軀，一步一步遠離而去，父親的背景讓作者眼眶濕著，內心一直思索，來日不知如何才能回報雙親養育之恩！

西元一九五六年（民國四十五年）冬，作者已在臺灣省政府財政廳服公職時，接獲國防部臨時召集令第二次入營服兵役，期間補足憲法明定兵役二年義務，扣除已服四個月士官役訓練，尚需服兵役一年又八個月，好在這次服兵役地點在臺中市郊區陸軍戰車基地廠（在臺中市復興路尾），它是一個五級的履帶車輛修護廠區，服役的官、兵均採八小時上班制，每週上班五天半，放假一天半。每天上午八時上班，中午十二時下班，下午一時卅分上班，五時卅分下班，三餐均憑餐券自己取用，與公務員生活無異，真是幸運；同時廠區位在南臺中，遇放假日或例假日，都可自由就近到公路局南臺中站牌搭車回彰化，收假日晚才回營區，所以這一年八個月兵役期，很快又順利服完，於西元一九五八年（民國四十七年）六月十五日退伍。

分兩次服完二年義務兵役後，西元一九五九年十月間接受國防部彰化縣後備軍人團管區教育召集令赴臺北市基隆路邊，信義路五段與忠孝東路五段之間的臺北汽車基地廠報到接受為期三週的教育訓練。西元一九六〇年六月間又接到上述單位動員召集令，到臺中烏日成功嶺基地報刊，受三十天的動員編隊與訓練。西元一九六四年秋又接到動員召集令，未載明服役日期，囑赴桃園縣內壢營區報到，幸而服役三十天就獲解召返鄉。

　　以上是作者先後五次服兵役的經過，其中後兩次動員召集是在作者婚後，當奉召即將赴營區報到時，看著家人及新婚不久的愛妻，內心的憂慮與不安，實在讓作者難以割捨，但也無可奈何，好男兒只有勇敢的忍下眼淚，離開溫馨的家，滿心期待很快獲得解召，和可愛的家人和樂的相聚在一起。

▲一九五八年服二年兵役義務屆滿退伍與長官合影

陸　　服公職（西元1955～2001年）

　　西元一九五五年（民國四十四年）三月接受士官役訓練結訓後，依臺灣省政府四十四府人丙字第二三九五一號令分發臺灣省政府財政廳實習之派令，於同年三月下旬前往報到就職。茲就赴省政府財政廳就職日起至西元二〇〇一年一月十五日屆齡命令退休日止，長達四十五年服公職期間之升遷，服務單位列表如下：

機關名稱	官等	職稱	起迄年月	重要記事
臺灣省政府財政廳	同委任	實習生	44.3-44.11	1. 依省政府44府人丙字第23951號令，報到就職。 2. 實習期間一年，扣除士官訓練四個月後僅需補足八個月。
	委任	辦事員	44.11-52.8	1. 實習期滿，獲派委任辦事員。 2. 45年冬至47年夏奉召服兵役一年八個月留職停薪，於47年6月15日期滿退役復職。 3. 46年夏參加公務員普通考試財金人員考試及格。 4. 49年間首次接教育召集訓練，服役三週。 5. 50年1月22日與陳貞女士結婚。 6. 50年夏獲動員召集赴烏日成功嶺服役三十天。 7. 50年10月25日長子一民在南校中興新村中興醫院誕生。

（續）

機關名稱	官等	職稱	起迄年月	重要記事
	委任	稅務員	52.8-57.2	1. 財政廳成立稅務處職稱改爲稅務員。 2. 53年8月8日次男次民在南投中興醫院誕生。 3. 53年秋接動員召集赴桃園內壢營區服役三十天。 4. 54年11月27日夜8時，母親不幸中風，29日晨辭世。 5. 55年1月24日長女秀娟在南投中興醫院誕生。 6. 參加考試院舉辦臺灣省稅務人員特種考試乙等考試及格（相當高等考試）。 7. 長子一民於56年8月入中興第二國校就讀一年級。 8. 57年1月18日次女瑜娟在南投中興醫院誕生。
新竹縣稅捐稽徵處	委任	稅務員兼股長	57.2-57.10	1. 隨同黃承堯組長升任新竹縣稅處處長，調任新竹縣稅捐處擔任事務股長職。 2. 原住南投中興新村光榮北路六街四號宿舍於轉調新竹縣一週內舉家移住新竹市宿舍位於新竹市南大路70號。長子一民轉學新竹市東門國小就讀一年級第二學期。
臺灣省政府財政廳	荐任	審核員	57.10-57.11	1. 調升荐任職，出任省稅務處審核員職。
新竹縣稅捐稽徵處	荐任（八職等）	主任	57.11-60.3	1. 以荐任職回任總務室主任職。 2. 58年實施職位分類歸職八職等。 3. 在新竹縣稅捐處整整三年，爲到縣市地方服務之第一個單位。

（續）

機關名稱	官等	職稱	起迄年月	重要記事
臺南縣稅捐稽徵處	荐任（八職等）	主任	60.3-60.11	1. 隨黃處長調任臺南縣處長轉調同處總務室主任。 2. 調職三天舉家搬至臺南縣新營鎮中正里17鄰信義街34號宿舍。一民，次民轉學新營國小就讀三年級、一年級第二學期。
	荐任（八職等）	第一課課長	60.11-66.8	1. 60年11月間奉財政廳令出任臺南縣稅捐處第一課長職。
	荐任（八職等）	第二課課長	66.8-72.8	1. 66年夏以擔任第一課長屆滿六年工作輪調奉令改調第二課長職。 2. 65年9月1日新營市水災，宿舍浸水至榻榻米一樣高，無法居住，舉家於9月3日移住臺南市東區圍下里21鄰街民街21號。次女瑜娟亦同時轉學臺南市中山國中就讀二年級第一學期。 3. 臺南縣稅捐處職工宿舍因水災受害，爲解決同仁居住，乃奔走省稅務局，縣政府以及同處人事單位展開復建工作，以輔建公教宿舍方式先由省稅務局撥專款重建，於70年間興建完成，獲配售信義街70號宿舍一戶，共價款82萬餘元取得所有權搬入居住。 4. 70年10月奉臺灣省政府主席70府人三字第116889號頒發三等服務獎章一座，證書一紙。 5. 71年間因四位子女均已在臺北市就學，乃將家移住臺北市大安區虎嘯里8鄰樂業街29號3樓之1。

（續）

機關名稱	官等	職稱	起迄年月	重要記事
	荐任（八職等）	審核員	72.8-73.3	1. 擔任第二課長職屆滿六年工作輪調改任非主管職，擔任審核員。
	荐任（八職等）	第三課課長	73.3-74.7	1. 73年春奉令轉任第三課長主管職務。 2. 在臺南縣捐稽徵處工作歷經黃承堯、黃源春、趙正綱、李京定等四位處長，工作單位總務主任第一、二、三課長、審核員等長達十四年，是在縣市地方工作最長的一個單位。
桃園縣稅捐處	荐任（八職等）	楊梅分處主任	74.7-76.1	1. 74年6月奉調桃園縣稅捐處工作出任楊梅分處主任。 2. 74年10月奉行政院院長頒發二等服務獎章壹座，證書壹紙。
	荐任（八職等）	法務課長	76.1-80.5	1. 76年春奉令，調任桃園縣稅捐處法務課長職務。 2. 民國78年榮登全國優秀稅務人員榜於當年7月1日稅務節接受財政部長表揚，頒發獎牌與獎狀。
	荐任（八職等）	秘書	80.5-81.7	1. 80年春奉令改調秘書職務擔任核稿等工作。 2. 81年4月奉派參與省稅務局赴美國考察大型電腦處理課稅資料工作，期間二週走遍美國東、西岸數州。
	荐任（八職等）	複核課課長	81.7-81.9	1. 81年夏奉令接任同處複核課課長職位。
財政部臺灣省北區國稅局	荐任（九職等）	秘書	81.9-83.7	1. 81年7月臺灣省成立北、中、南三區國稅局接辦國稅稽徵工作。北區國稅局設在桃園縣桃園市，於81年8月奉調北區國稅局擔任秘書幕僚工作，同時升任九職等職。

（續）

機關名稱	官等	職稱	起迄年月	重要記事
	荐任（九職等）	法務科科長	83.7-87.7	1. 83年夏奉令出任同局法務科科長職。 2. 87年第二次榮登全國優秀稅務人員榜，於同年7月1日稅務節，接受財政部部長表揚、頒發、獎牌與獎狀。
	簡任（第十職等）	簡任稽核	87.7-90.1	1. 87年奉總統（87）簡字第01284號任命令任命爲財政部臺灣省北區國稅局簡任第十職等稽核，職司全局稅務案件之總稽核工作。 2. 89年11月奉行政院院長以服膺公職逾卅年，在職期間忠誠服務、克盡職責、貢獻良多、足資範式以臺八十九人政給字第01314號頒發獎狀。 3. 在財政部臺灣省北區國稅局服務9年又三個月，於87年7月升任簡任官，於90年1月15日屆滿65歲命令退休並於90年1月16日生效。

（註：本表所列年次爲中華民國年次）

▲一九七一年任臺南縣稅捐稽徵處課長時留影

▲一九八七年卸任桃園縣稅捐稽徵處楊梅分處主任時留影

▲一九九四年接任財政部北區國稅局法務科長留影

▲一九九八年升任北區國稅局簡任官稽核布達留影

▲一九九八年在北區國稅局簡任稽核辦公室內留影

　　人一生的成就，冥冥之中受命運、運氣、風水、前（後）世積德及用功讀書五項所支配，其中只有讀書是可以靠自己努力，來爭取實現的。高商畢業走入社會後，作者深深的體會這個道理。在服公職中，作者不敢放棄書本，只要有空，不斷進修讀書，畢業第三年西元一九五七年考取普通考試財政金融人員，於九年後西元一九六六年考取相當高等考試的臺灣省稅務人員乙等特種考試，這兩種考試及格，讓作者彌補沒有修讀大學缺陷，穩固作者在稅務工作上，可以和同仁競爭的基石，由初級委任逐步爬升，西元一九六八年升荐任職，而在工作三十年後西元一九九八年晉任簡任職，於西元二〇〇一年一月十五日平穩的退休，這可亦不是很容易獲得的事。

　　農家子弟要脫離農耕轉行，首要靠父母的睿智與艱辛栽培，次要自己肯吃苦耐勞，一方要協助父母，更要自己努力用功讀書，作者爸媽替作者兄弟做到了，作者兄弟也沒辜負父母流汗流血的勞苦，也做到了。一生走入政府機關，參與稅務稽徵工作行列，瞭解政府機關公務行政處理程序，相關法令規章，對一個向一無所知的農家，權益之爭取、保障有非常大的助益，當然作者要負起保家衛己的責任，這就是作者的愛妻常常指責作者為什麼家裡大小的事情，都要作者回去處理的原因。當然左鄰右舍、宗親、朋友如有需要作者奔走的事，作者亦樂意全力去做；作者有此能力，或許也是作者祖靈的安排，讓作者在一試定終身的就業考試，未獲得較優的成績，得以進入銀行得到金飯碗的工作，而僅獲得進入省政府的鐵飯碗工作的緣由。

　　在長達四十五年的公務人員生涯中，作者工作過的單位，有省政府財政廳、新竹縣、臺南縣、桃園縣三個稅捐稽徵處及財政部臺灣省北區國稅局等五個單位。開始的十三年由實習生做起的一般基層小職員，後頭的三十二年均擔任荐任職以上課（科）長、主任等主管職位。在工作表現上獲嘉獎、記功不記其數，且曾在西元一九八九年（民國七十八年），西元一九九八年（民國八十七年）兩度榮登全國優秀稅務人員榜，於當年稅務節赴財政部接受部長親自表揚，獲頒獎牌與獎狀。西元二○○一年（民國九十年）退休時亦獲行政院長以：「服膺以公職逾卅年，奉准退休，在職期間忠誠服務，克盡職責，貢獻良多，足資範式，以臺八十九人政給字第○一三一四號頒發獎狀壹紙。漫長的公職生涯，平安愉快的畫下句點。

柒　婚姻

余妻陳氏名貞，住於花壇鄉長沙村赤土崎公館，即今彰化縣花壇鄉長沙村十四鄰彰員路二段六五三巷十八號，與作者家同村比鄰，門牌號碼僅隔二十八個，路程相距不到五十公尺，是望族

▲夫人一九六一年一月二十二日出嫁時離開娘家時留影

陳烏鼠叔公的長孫女，陳式庚叔叔的掌上明珠；畢業於彰化女子商業職業學校高級商科。兩家長輩是非常熟悉的好友。雖屬明媒正娶，但當她在高中時，作者就曾以書信表示愛意與關心，並互訴衷曲，是作者從小就心儀的美麗對象。她高中畢業到花壇鄉農會上班時，作者就自己建請家父母央媒前往她家說親，並經作者母親向她母親親口提親催促，始於西元一九六○年首肯下嫁，這時作者年二十五歲，她年二十一歲。我倆於西元一九六○年十月十日（農曆八月二十日）訂婚，翌年西元一九六一年一月二十二

日（農曆十二月六日）在花壇鄉長沙村赤土崎新厝內舉行盛大隆重的婚禮，婚後兩個月我倆就移居南投中興新村光榮北路六街四號，過著小倆口新婚的甜蜜生活。遇農忙稻谷收割時節，我倆仍需攜手回彰化家裡，幫父、母親夏、秋收。余妻雖從未從事農事工作，但仍戮力以赴，頗獲雙親及宗親們的讚賞與憐惜。

　　婚後我倆生活甜蜜美滿，余妻很快於西元一九六一年十月二十五日午時送給我第一位愛情結晶——可愛的小男生寶寶；隔三年西元一九六四年八月八日又送給我第二位愛情結晶——可愛的

▲夫人娘家全家福（前排中坐者右為岳祖父、中左為岳祖母、後排站者右一為岳父、右三為夫人、右四岳母）

小男生寶寶；再隔二年西元一九六六年一月二十四日替我添加了
第一位千金寶寶；再隔二年西元一九六八年一月十八日又替我添
加了第二位千金寶寶。我倆婚後未滿七年，已有了兩對活潑可愛
的子女，一家樂洋洋過著美滿生活。

▲一九四○年夫人幼時生活留影

▲一九七五年作者全家福合影

捌　母親大人驟逝

天有不測風雲，人有旦夕禍福。西元一九六五年（民國五十四年）十一月二十七日夜九時左右，突接彰化家裡來電話，告知母親大人外出咁阿店選購日常用品時，腦幹中風（出血性）昏迷不醒，即刻收拾一

▲作者雙親於一九六一年合影

切，攜眷趕回家，沿途並邀請表兄黃大夫文宛先生一起趕來急救；我們在十時左右抵達，經大夫細心檢查，媽瞳孔放大，嚴重昏迷，且時有嘔吐現象，不宜作任何的移動，只有讓母親平臥休息，祈禱神仙保佑。歷經四十多個小時與死魔博鬥，不敵在西元一九六五年十一月二十九日（農曆十一月七日）寅時在昏迷中與世長辭，舉家頓陷喪悲痛哭中，敬愛的母親僅享年五十九歲。

家母黃氏名罔，又名淑女，娘家彰化市南郭庄大埔二四四番

地，現住址：彰化市延和里埔內巷三十一號，家有五兄弟三姊妹，出生於西元一九〇七年七月七日（民國前五年），父黃水影先生，母黃鳥毛女士。於西元一九二八年（民國十七年）七月二十六日與家父結婚，時年二十二歲；嫁入李家後與家父攜手勤儉持家，努力耕耘，經不斷辛苦努力後始將赤貧農家，轉變成小康能自足的家園，給四位小男孩專心全力讀書，冀求將來脫離農耕的辛苦生活，雖然我們四位兄弟沒有讓媽失望，但偉大的母親，卻為我們的幸福未留一言半語的別我們而去了，永遠回不來。媽沒有看到我們兄弟的成就，也絲毫沒有分享到現在較富裕的生活，出入有自用車來接載媽媽，到各地玩玩，真是作者此生最大的憾事。但願作者世代子孫，永遠不要忘了曾有一位偉大祖母，替作者家以賣命換取了下一代子孫的幸福。

▲作者母親與外婆、阿姨合影

玖　子女教育，婚嫁與立業

▲作者全家福合影

　　作者愛妻沒有讓作者失望，西元一九六一年一月結婚至西元一九六八年短短七年間替作者添加了二位小弟弟、二位小妹妹，二對子女都很健康，活潑、聰明又可愛，給作者倆帶來無比的幸福與快樂。

　　養育、培育四位小天使是作者倆的重責大任，從出生那一刻起，作者倆就細心呵護，讓他（她）們健康快樂的成長，雖然住家是隨工作地點搬遷，但每到一個新地方，我們都選擇好的

新住居地點，有好的學校讓他（她）們就讀，好好成長，好在他（她）們都很爭氣，每到一個新地方，都可以和新老師、新同學、新朋友融和在一起，讀書也跟得上；雖然我們搬了五次家，南投中興新村→新竹市→臺南縣新營市→臺南市→臺北市，但沒有影響他（她）的課業與成長，最後老大、老二高中讀省立臺南一中，一位考上私立中國醫藥學院醫科，一位考上國立陽明大學醫科，都是從業醫師，男生中老二考取公費留學，到美國約翰霍普金斯大學取得醫學博士學位。二位女兒，一位讀臺北市立女子師範專科學校，一位讀臺北市立第一女子中學，最後大女兒因選讀師專，讓她輾轉辛苦了一陣子先擔任國小老師，再進入國立師範大學夜間部，白天當老師，晚上上課又考進國立政治大學西洋文學研究所取得碩士學位，再赴美密西根大學攻讀博士學位，於取得博士學位，返回國立師範大學文學院英語系擔任教授職位。二女兒讀政治大學法學院法律系，畢業當年很幸運的考取司法官、律師。選擇擔任法院法官審判工作，現任臺灣高等法院法官；四位子女教育均有完滿的結果與收穫。至四位子女的婚嫁也都在適婚年齡內順利完成，現已有七位孫子、女，在活潑、快樂的長大中，期望他（她）們也都有好的成就，爲這個家、爲祖宗添增光彩。

家應該常常傳出孩子的嘻笑聲、讀者聲，還有飯菜的香味，這三個條件是作者家四位小孩，教育、長大成功的好基石。孩子小時，跟他（她）們一起玩，帶他（她）們到郊外，學校運動場或公園玩沙、跑步、運動、遊戲、嬉鬧，與同年玩友一齊跑跳，

▲與長子一民全家合影

▲與次子次民全家合影

▲長女秀娟與孫女亮瑀合影

▲次女瑜娟全家合影

讓他（她）們擁有健康、健朗的身心，及長我們要養成能安靜坐
下來，看圖、作畫，朗朗念書，培養一家好的讀書、閱讀習慣。
當然作者家更有媽媽永遠辛苦作成的飯菜香，讓一家六口天天吃
得津津有味。這些是作者奠立了小孩身強體健，喜愛讀書，終至
個個獲得成果的原因。當然作者與妻更感謝作者家的老大──一
民，能帶頭起模範，讓弟、妹們個個成材，有良好的結果。請後
代子孫謹記對子女教育，初學時培養他（她）們說，讀、寫作的
能力，這三個條件有了之後，長大了絕不會落人之後，願作者後
代子孫循此，好好養育、培育、教育年幼的下一代，好讓作者的
子孫代代出人頭地，這是作者永遠最深切的期望，盼齊心努力
之！

拾　祭祀公業李協源

　　來臺定居第一世樸齊公，生於西元一七三七年（清乾隆三年歲次丁己年），逝於西元一七七八年（清乾隆四十三年，歲次戊戌年），享年四十一歲。於西元一七六一年（清乾隆二十六年，歲次辛己年）由祖父元仁公，父親敦素公攜同兩兄弟仕賢公、樸齊公一齊來台，暫居於彰化燕霧上堡白沙坑魚岜寮宅，歷經六年辛勤墾植耕作後，祖父元仁公與父親敦素公因年老返回福建汀洲府上坑縣東門街住地。仕賢公、樸齊公兩兄弟亦因樹大分枝，樸齊公移居同庄赤土崎新厝內（即白沙坑段九六三地號土地），逝後四子高騰公、高崧公、高占公、高德公四大房為期代代子孫，得能永遠懷念先祖，隆重祭祀，乃以與父親樸齊公合力墾置之赤土崎耕地面積二點七八一三公頃耕地（即今白沙坑段九八三、九八八等土地），由四大房子孫，按年輪流耕種，收入用以祭祀。嗣日本佔據臺灣，西元一八八六年間辦理耕地驗契，子孫以「祭祀公業李協源」完成土地登記。祭產除上述耕地外，尚包括子孫共同居住使用之建地白沙坑段九六三號土地面積一點三九三三公頃，並先後推選裔孫引公、遠公、生全公、品公等擔任公業管理人。西元一九四五年（民國三十四年）臺灣重回中華民國，本公業仍沿用四大房順序按年輪值耕作。迨西元一九五九年（民國四十八年）臺灣中部發生空前八七水災，耕地堤防崩坍，耕地被沙

石掩埋，無法耕種，嗣經當時公業管理人品公邀集派下員子孫共商，由各房依應繼分比例出錢修築重墾後，按四大房分成四大塊由各大房派下員分耕，至祭祀事宜則由耕種土地之派下員裔孫共同辦理。

上述祭產歷經二百年，來臺派下裔孫已蔓延六或七代，環境變遷，鄉村步入城市化，政府為清理民間祭祀公業祭產，乃於民國七十年四月三日制頒「祭祀公業土地清理要點」，經內政部以七十年台內地字第一一九八七號函頒發實施；本公業祭產農地部分，兩萬七千八百一十三平方公尺，建地部分一萬三千九百三十三平方公尺，均屬花壇鄉花壇都市計劃範圍之都市土地，且管理人品公亦已過世，為確保權益，派下員乃共同推請天雨公搜集戶籍資料，繕造派下員系統圖，派下員現員名冊，祭產清冊，公業規約暨公業沿革等報請彰化縣政府審查、登報、徵求異議，期滿無人異議，彰化縣政府於七十年十月十九日以彰府民行字第一一二一○三號核發派下員證明等，核認派下員計有李鏡珍先生等參拾玖員之派下現員名冊、系統圖等交申報人天兩公收用，嗣經所核認之派下員三十員聯署同意，推舉瑞公接任新任管理人，報經彰化縣政府核備後，以「祭祀公業李協源管理人李瑞」完成祭產管理人更名登記。

瑞公接任管理人後，於民國七十年十二月二十六日召開首次派下員全員大會，議定：1.白沙坑段988等拾筆土地授權管理人辦理分割，費用由耕作之派下員分擔。2.白沙坑段九八三等五筆土地受水災，應於民國七十一年一期作播種前清理完成，費用亦

由耕作人依耕作面積比例分擔。瑞公復於民國七十二年一月三十日召開第二次會議，除報告上次會議執行結果外，大會並決議授權管理人辦理已分割祭產，移轉所有權為派下員或其所指定人員等事宜。有關瑞公接任後，依會議決議處理祭產等會議紀錄暨相關資料已彙訂專卷供保管並參閱。

　　管理人瑞公於西元二〇〇一年（民國九十年）五月三十日辭世，公業派下員亦有十餘位先後過世，乃依上述要點及釋示規定，由當時利害關係人作者以瑞公之派下權繼承人身分，依據已過世派下員之戶籍謄本等資料，重造系統表，派下現員名冊，檢同彰化縣政府七十年十月十九日核認案，申請彰化縣政府審核，再次公告徵求異議，無人異議後經花壇鄉公所九十二年十二月十五日花鄉民字第〇九三〇〇一五六二〇號函轉彰化縣政府九十三年十二月十三日府民宗字第〇九三〇二三四八五三號函核認派下員李鏡珍先生等五十九名，並經派下員過半數同意，推舉派下員

▲雄偉的李氏家祠正面全景（2006年攝）

李水來先生繼任管理人，經報請花壇鄉公所核准後，於西元二
○○五年（民國九十四年）二月十四日接任管理人。有關瑞公擔
任管理人期間之文件詳列清冊，由派下員李祥欽先生具名代替瑞
公移交李水來先生接管。移交案除相關文件外，尚包括公業土地
所有權狀，公業圖記，公業花壇鄉農會存摺，定期有款單等，並
邀請派下員李炳崑先生，李再嘉先生蒞臨監交有案；有關第一次
派下員派下權之繼承申報及管理人移交清冊等已裝訂成冊，請妥
爲保管。

　　水來先生接任管理人後，於西元二○一一年（民國一○○
年）因又歷經七年，部分派下員又相繼年老辭世，乃又依民國九
十六年七月十二日總統華總一字第○九六○○一六七○○一六五
七一號令制頒「祭祀公業條例」規定，辦理已過世派下員派下權
繼承之核認事宜，於民間一○一年三月一日奉花壇公所花鄉民字
第一○一○○○二八三九號函核認派下員李鏡珍先生等六十九
員，該第二次辦理之往返文件等影本亦裝訂成冊，可供參閱。

　　上述均爲祭祀公業李協源派下員等核認經過，暨瑞公擔任管
理人依派下員會議處分公業祭產之經過。至李家尚有另一「祭祀
公業李朝魁」部分，因現存祭產僅有敦素公率仕賢公、樸齊公初
來台暫居魚苗寮時所墾置之耕地與居住建地，計有耕地貳筆，建
地壹筆，面積小，且現由同村李北原先生，依三七五減租條例規
定承租耕作中。又由於仕賢公現存裔孫乏人提供高榮公、高衡公
兩大房之裔孫系統表，現員名冊，無法據以併同樸齊公派下員資
料辦理「祭祀公業李朝魁」派下全員核認之工作，亦一併陳明。

　　又水來先生擔任管理人期間，公業祠堂邊側廂房及前棟三川等均因年久失修部份於西元二〇〇五年（民國九十四年）八月間倒坍（整棟祠堂僅存後棟大廳）亟需重建整修，估需整建經費二百八十萬元左右。為期重建迅速順利進行，重現宗祠之雄偉面貌，作者乃率先捐獻壹佰萬元，並答應所私有已倒坍之北側廂房，三川各壹間由子欽、作者、鏡珍、祥欽四兄弟自行出錢重建，重建完成該二間房舍仍歸原所有人子欽等四兄弟所私自擁有，獲管理人李水來先生及派下員裔孫同意。全部重建工作於西元二〇〇六年（民國九十五年）九月間完成，全部實際支用經費共二百六十三萬餘元，有管理人李水來先生具名立牌說明重建經過中述明上述事實。並另掣給李子欽等四兄弟，說明北側廂房及三川各壹間為四兄弟共出資五十萬元修建之事實，該兩間房舍為其所私自擁有之證明，謹併予載，供作者代代子孫瞭解此一事實，證明書已併公業處理案裝訂存入。

▲家祠前棟北側廂房與三川（2012年攝）

▲家祠前棟大門右側牆上刻製修建經過所立的石碑

拾壹　敬愛的爸爸──瑞公

家父瑞公，西元一九〇二年（民國前十年，清光緒二十九年）農曆九月四日出生，出生地：彰化縣花壇庄白沙坑赤土崎新厝內，父章公，母抱嬤柯氏（花壇庄三春村人氏）。章公於西元一九〇七年（民國前五年）九月二十日辭世，母抱嬤於西元一九三一年（民國二十年）七月十九日辭世；家父瑞公五歲

▲一九九一年瑞公坐姿留影

失怙，一家三口，母與姊（姊年僅七歲），只賴抱嬤一位弱女子維持生計。幸而抱嬤善於生計，將已乏力耕作之耕地，出租他人

耕耘，收取租谷餬口，另再將部分耕地向銀行質押，如遇急需現
金使用時，再向銀行領錢應急，絕不將耕地出售他人，以此法求
生，至家父年滿十八歲，已可自力耕種，始將出租耕地終止收回
自耕。於家父瑞公二十六歲，與家母岡媽黃氏二十二歲結婚後，
兩人同心，攜手努力耕作，勤儉持家，還清銀行借用款項後，始
將赤貧破落的小農家帶入興旺和樂的小康家庭。

　　家母岡媽於西元一九六五年（民國五十四年）驟逝時，家
父瑞公年僅六十四歲，一時驟失心愛的伴侶，內心喪痛不言可
喻。幸家父瑞公有極堅強的毅力，克制內心悲喪，親自料理母
親喪事後，仍如往昔日出而做，日入而息，替我們兄弟守住家
園，好在瑞公身體健康，家裡有四弟一家陪伴，遇假期在外地謀
生的子、女會攜眷回家探望，出嫁在同村的大姊亦會常回來照

▲一九八六年瑞公與直系子孫合影（二排中著西裝者為瑞公）

應，讓家父瑞公過得尚稱和樂。

　　家父瑞公在世，對鄰居、宗親、鄉里、社會的公益工作不遺餘力，一生擔任鄰長七十餘年，任鄉農會代表、理事三十餘年，任白沙坑福德宮廟委員，長達五十多年，其間兼管財務工作潔身自愛。於西元一九八一年接任祭祀公業李協源管理人長達二十年，對公業公產之管理一切秉公依派下員決議辦理，宗親均毫無異言。

　　西元一九八四年（民國七十三年）間遭宗親李石堆、李石碖、李石鐘三兄弟，以作者三弟鏡珍出嗣本公謂為偽造，及以管理人身分，依派下員決議辦理移轉祭產為派下員所有，指為侵吞土地價款暨其四位兒子取得祭產土地謂為圖利等，向彰化地方法院提告，歷經地院，臺中高分院，最高法院纏訴五年之久，至西

▲一九八六年瑞公與作者四兄弟合影（中坐者為瑞公）

元一九八九年（民國七十八年）始經高院臺中分院判決獲全部訴
訟確定，時瑞公已年屆八十八高齡。在五年艱苦訴訟中，雖每審
法院每次判決都獲勝訴，瑞公堅信邪不勝正，帶著我們兄弟走過
漫長五年時光，讓我們一家人獲得光明正大的正義，挺起胸膛，
站在宗親面前接受勝利的歡呼。

　　作者於西元二〇〇一年（民國九十年）一月十六日自公職退
休生效，正高興有更多、更長、更專心在家鄉陪伴瑞公安享老年
時光，奈時不我予，家父瑞公於西元二〇〇一年（民國九十年）
五月三十日清晨在睡眠中安然與世長辭，真感嘆「樹欲靜而風不
止，子欲養而親不待」的悲痛，莫此為堪！極盼作者世代子孫，
謹記孝親應及早，否則懊悔就來不及了。

▲一九八六年瑞公與作者全家合影（中立者為瑞公）

瑞公與罔媽夫婦，終其一生，為我家開創的事蹟有：

1. 兩夫婦同心同德，勤儉持家，培養五位姊弟成家立業，個個成器，並將面臨破滅家園，重新整建、重振我家威。

2. 中年時和宗親品公等，攜手奔走臺中地方法院，抵抗仕賢公派下裔孫李富意圖奪取「祭祀公業李協源」半數祭產「冒稱派下員」訴案獲勝訴，阻斷了李富貪圖之惡心。

3. 擔任祭祀公業李協源管理人，適時依規約召開派下員現員大會完成已分耕之祭產登記為派下員或其指定人所有，確保派下員權益。並以管理人身分，向政府提領被政府徵收祭產之地價款，依派下員決議發交派下現員收取清楚。

4. 栽培四位兒子，完成高中以上教育，脫離務農行列，平穩走入公教人員行列，並由初級委任職、教員、督學一步一步爬升到荐任官、簡任官、國中校長、花壇鄉農會分部主任職，均至屆齡始光榮退休。

5. 擔任祭祀公業李協添管理人，遭宗親李石堆等三兄弟濫告，歷經五年纏訟，獲全部勝訴，理清了承嗣與以出售名義移轉祭產給派下員或其指定人未收取價款之事實，五年之折磨，忍辱負重的毅力，讓人敬佩。

6. 一生辛勞，節衣縮食，在祖宅首建參拾坪基地，二層加強磚造樓房一棟、建坪共六十坪，美侖美奐。一生中除繼承祖產外，尚添購了農地，增加遺產額，轉供後代子孫繼承。

　　瑞公生前遺留遺產，依政府評定現值達壹億肆仟陸佰餘萬
元，繳納遺產稅參仟貳佰參拾肆萬餘元，由四兄弟平均分擔繳
納。至遺產之繼承，係以五位姊弟協議後，依協議結果辦理繼
承，協議書原本已裝訂入卷可參閱。

▲一九八六年瑞公懷抱曾孫國璿與曾孫女宛頤合
影

拾貳　含飴弄孫之樂

　　西元一九九二年至二○○○年（民國八十一年至八十九年）八年間，四位子女替作者添增了七位可愛活潑的小孫子、女，七位中老大、老五兩位在美國出生，有雙重國籍；餘五位在臺灣出生，其中二位出生年次在西元一九九六年（民國八十五年），有四位內孫三位外孫。孫子、女誕生，作者和愛妻也跟著水漲船高，升格爲祖父、母級。每當七位孫子女聚集一堂，嬉戲、哭鬧，內心充滿著有孫萬事足的幸福，也勾起往昔孩童時代思古幽情，讓作者頓時年輕許多，可惜這個時段只有那麼一剎那，就消失了，……。

　　時光不饒人，剎那間七位孫子女，三位上大學，二位上高中，一位在國中，一位是小學六年級，他（她）有自己的功課，目標與志趣，正全心全力在衝刺，努力奔向自個兒的光明燦爛前景；祝福他（她）們能平平安安長大，功成名就，出人頭地。

▲二○一○年與四位孫子女佳睿、佳欣、國璿、宛頤合影。（地點臺北家客廳）

▲二○○八年與四位子女與孫子女們合影。（地點臺北家客廳）

▲二○○三年五月九日慶祝母親節留影。（地點臺北家飯廳）

▲二○○八年七位孫子、女在臺北大安森林公園音樂臺留影。

▲二〇〇四年五位孫子、女在美國伊利諾州香賓城次子次民家
庭園遊戲——追逐一隻兔子

拾參　永遠情人——愛妻貞子

作者與妻結婚超過五十二年，是老夫老妻。但走在婚姻的路上，卻像和她談了五十二年的戀愛。從相識、相知，到相愛，一切彷彿命中注定，是那麼自然。夫妻倆在人生旅途上攜手同行，互相扶持，甘苦與共，「執子之手，與子偕老」是那麼恩愛的夫妻之情。

▲一九六一年一月二十二日結婚照

這輩子能有一個讓作者傾心深愛著的妻子，是多麼幸福的一件事。更幸運的事，愛妻也愛作者至深。當了五十二年的牽手，婚姻路上滿滿的幸福。即使偶有爭

▲二○○一年拜訪妻舅新營住家前留影

▲二○一○年陽明山花季櫻花樹下儷影

吵，作者與妻也會儘快讓它雲淡風輕。經過五十多年歷練，夫妻
倆的愛已堅如鑽石。

作者喜歡家裡有飯菜香，那是幸福的味道，所以天天有妻子
那麼辛苦為作者洗手做羹湯，看作者吃得津津有味，妻子會笑：
「您好幸福，每天有老婆的愛心餐可以享用」。感謝老婆一路相
伴，辛苦持家，替作者生育、培育、教育子女，讓他（她）們個
個成器，願來生我們再結連理……。

▲二○一一年一月二日結婚五十週年金婚留影

拾肆　墾植美麗的果園

▲二○○三年與夫人、煒宵、亮瑀在果園流汗墾植與果樹果實
留影

　　父親瑞公，西元二○○一年（民國九十）五月三十日過世，
家鄉大片肥沃的農田乏人耕植，任荒涼，野草叢生，看起來令人
惋惜。故里——彰化也須經常回去，一方面清掃家園，一方面和
宗親們聊聊家常，想多住幾天，因此興起了在故里找點事做的念
頭，乃與內子懇談，兩人再同心合力，同甘共苦，乃在二○○一
年秋季用了將近四個月時光，自力墾植了一片約二百坪的農地，

種植了木瓜、芭樂、楊桃、龍眼、荔枝、釋迦、香蕉等多種水
果，每種僅植三、五棵，經不斷灌溉、施肥、除草等辛苦工作，
約一年始有木瓜成熟可採，雖然只有那麼一、兩棵，但很寶貴，
心裡也很欣喜，為什麼呢？因為這些成熟水果，是作者與妻親手
種植的，是從無中增添出來的，接著三、五年後也有多種水果可
採取，唉！辛苦真的沒有白費啊！

▲二○○二年孫女亮璃與果園之木瓜

　　歲月一天天過去，到了西元二○一二年（民國一○一年）作者已七十八歲，體力逐漸感到衰退，身體平衡也傳出訊息，為避免突然間身體遭受意外跌倒可能傷害，對果園的耕管已漸漸力不從心，但後繼乏人，真是可惜之至。

▲二○○三年作者與孫亮瑀往新營頑皮世界途中西瓜田留影

拾伍　銀髮生活

西元二○○一年（民國九十年）一月十六日退休生效日起，每日允許睡到自然醒，但仍不敢忘掉天天運動的大事。每天清晨起床盥洗後，就出發爬四獸山或陽明山或圓山或……，回家再用早餐；每次出門都不帶水與零錢，決心要用徒步來回；每趟來回需時二或三小時，雖滿身大汗，但身心愉悅，身體也很

▲勤做頭部健腦運動：珠算加減乘除運算

健朗。西元二○○四年偶然一次聚會，和幾位同屆校友相約每週一和四上午七點鐘到二二八公園聚集，共同切磋九六式「武式」

太極拳，歷經五年時光，因擔任老師的同學辭世而停止。西元二
〇〇七年末，身體平衡覺得有點警訊，因此爬山遠行運動也就停
止，改在社區小公園──敦煌公園繞圈快走，一天早、晚各壹
次，每次走十二圈，每圈約二百公尺，一次共需時三十五至四十
分鐘，一天在公園走八千步左右，賴此保持身心活力與健康，但
願皇天不負苦心人，天能佑作者健康長長久久。

▲敦安公園健走留影

　　耳順之年，不要怕被人遺忘，不要怕要受到冷落，也不要不
識時務拋頭露面，要保持一顆平和、淡泊的心，不以物喜、不以
己悲，淡看人間功名利祿，遠離凡塵中的牽累。

　　「寧靜」是老年人擁有健康的最佳養料，也是幸福老年人的
仙丹妙藥。

▲打太極拳留影

▲二○○四年赴美國伊利諾州兒童科學博物館旅遊留影

▲二○○五年赴花蓮旅遊於遠來大飯店留影

▲二○○八年赴日本旅遊在京都車站前留影

▲二○○二年赴飛牛牧場旅遊與次女瑜娟、孫女煒甯、亮瑀、
　煒淇合影

拾陸　編後語

　　本篇傳記，是一位平凡的人，鑑於農業社會沒落後，工業社會興起，人人需要離家背井到外埠謀生，往昔大家庭三代同堂、五代同堂，將難以再見到。子孫親情、宗族親情，日漸疏遠幾近消失；尋根──指祖宗來處，祖父住處，祖母來處，父親住處，母親來處或將難以尋覓，乃在半近古稀，頭腦尚清晰時，就保有資料，或已知資料加以彙總整理，完成己族之譜系製作，並將一生經歷，走過的腳印略加敘述，藉供作者子孫後代易於清楚，而

▲一九九二年作者與夫人合影

有慎終追遠的美景。

　　書中所載內容，或限於作者所知有限，或資料搜集不夠深入周延，或年代記載有誤，或名字登載錯誤或有錯、別字等等，在所難免，除先致歉意外，敬請來信指正，來信請寄：「臺北市大安區仁愛路四段300巷26弄21號3F」（郵遞區號10687）或賜電「02-2704-6081」李鏡輝收。將不勝感謝。

▲二○○二年作者與長孫國璿合影

拾柒　我們心目中的爸爸

　　看著泛黃的舊照片，站在我們四個小蘿蔔頭旁邊的爸爸那樣的巨大，他的堅毅、勇敢、智慧和慈愛，給我們一個最溫暖最可愛的家，爸爸教給我們的，就在他的一舉一動中了。

　　爸爸總是認眞工作，實事求是、閒暇時不忘讀書自修，力求上進，引領著我們學習專心求知及誠懇做事的態度。

　　儘管在外地工作，爸爸每到假日一定帶著我們全家人回花壇老家探望爺爺；老家大大小小的事，總是不辭辛勞地一肩擔起；不怕難、不畏事。就像擎天之柱一樣，教我們勇於擔當，讓我們有所依靠。

　　「飲水思源——我的一生」這本書，手稿是以回收紙的背面寫成的。爸爸生活嚴謹，從不浪費一絲一毫的資源，隨手關燈，節約用水，他親手栽植的蔬果像魔法一樣神奇，媽媽親手烹調的美食是他的最愛。勤儉樸實，自給自足，是爸爸傳授的生活智慧。

　　爸爸熱愛運動，小的時候我們總是在桌球的乒乓聲中晨起，大些時我們全家一起到球場打網球，汗水與歡笑中有著他最深的慈愛。

　　如今爸爸是個更慈愛的阿公了，他用經過人生淬煉過而滿盈的智慧鼓舞著兒孫們，他牽著孫兒們的大手，益發顯得溫柔起

來。喜歡聽他細數年少協助家中農事的往事，彷彿祖孫三代共品一甕甘醇的美酒，因爲歲月，所以苦澀盡去。

爸爸給我們生活處事的釣竿，不問成果；然而所期待的一切似乎水到渠成。

這是爸爸最精闢的人生哲理。

爸爸在我們心中，永遠是那樣的巨大。

我們要大聲的說，

如果我們有一點點成就，或對這社會有一點點貢獻，

那都要感謝我們最親愛的爸爸和媽媽。

文——您的兒女：一民、次民、秀娟、瑜娟

2012年12月28日

▲一九七五年四兄妹與爸爸媽媽合照

▲二〇一二年走訪美國維吉尼亞州次民任職研究機構HHMI留影

拾捌　附錄

一　李姓世系

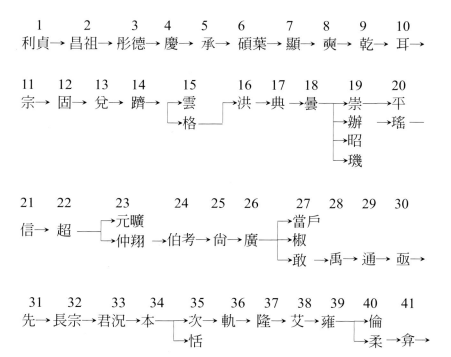

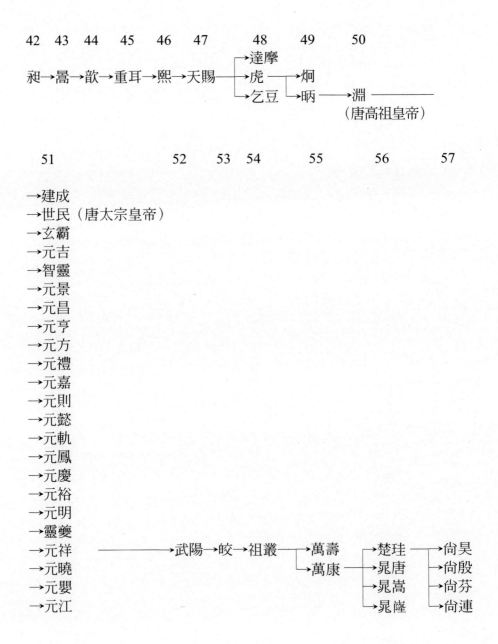

42　43　44　45　46　47　　48　49　　50

昶→晷→歆→重耳→熙→天賜→達摩
　　　　　　　　　　　　　→虎　→炯
　　　　　　　　　　　　　→乞豆→昞→淵
　　　　　　　　　　　　　　　　　（唐高祖皇帝）

51　　　　　　52　53　54　　55　　56　　57

→建成
→世民（唐太宗皇帝）
→玄霸
→元吉
→智靈
→元景
→元昌
→元亨
→元方
→元禮
→元嘉
→元則
→元懿
→元軌
→元鳳
→元慶
→元裕
→元明
→靈夔
→元祥　　　　　→武陽→皎→祖叢→萬壽　→楚珪　→尚昊
→元曉　　　　　　　　　　　　　→萬康　→晁唐　→尚殷
→元嬰　　　　　　　　　　　　　　　　　→晁嵩　→尚芬
→元江　　　　　　　　　　　　　　　　　→晁隆　→尚連

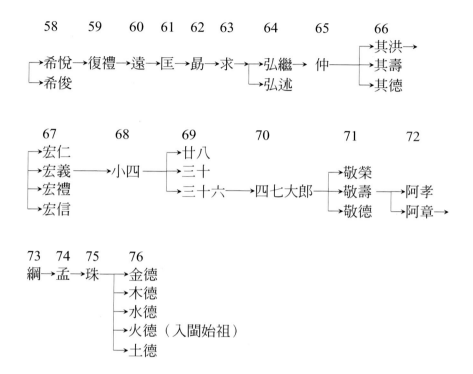

二　歷代先賢

1. 元始大宗皋陶公，為黃帝譜系第八世代，字廷堅，為堯之大理官，以官命族易「理」氏。

2. 開姓始祖利貞公，為黃帝譜系第三十五世代，公避難於伊侯之墟，食木子而得生命，遂改「理」為「李」，是我「李」姓始祖也。

3. 太上老君伯陽公，為李氏世系第四十五世代，名耳一名聘，為周平王柱下史，唐高祖淵公封為太上老君。公生時

廣額隆準，兩耳垂肩，五官異人，啼聲宏亮，其特徵者生而皓首，毛髮皆白，猶如老人故曰老子。

4. 上柱國將軍需公，爲李世氏系第四十八世代，名虎，仕元魏有功，官至太尉，爲上柱國將軍，封隴西公，賜姓大野氏。

5. 唐高祖淵公，爲李氏世系第五十世代，生於西元五六六年，逝於西元六三五年享年六十九歲，字叔德，隴西公孫，隋初襲父爵，與隋文帝善，拜山西河東防慰大使，擊突厥有功，爲大原留守，進爵爲王，定居長安，受隋禪，西元六一八年以土德王即帝位，爲唐高祖皇帝，年號爲武德，生子二十三。

6. 唐太宗世民公，爲李氏世系第五十一世代，爲唐高祖淵公次子，爲人聰明英武，有大志能屈節下士，知人善任，故能致貞觀之治。年十八舉義兵，廿四綏靖四海立刻封秦王，高祖起兵晉陽，得世民之謀助成帝業。武德九年高祖，自稱太上皇，詔傳位於次子世民，世民乃即帝位，是爲唐太宗。（以上錄自《淵源沿革志——大唐玉牒》）

7. 入閩始祖火德公，爲李氏世系第七十六代，珠公之肆子，生於西元一一八四年（宋淳熙十一年），甲辰歲十一月八日子時，卒於西元一二七○年（宋咸淳六年），庚午歲八月初旬，享壽八十七歲。公自寧化縣移居福建上杭縣勝運里豐朗鄉，爲我族入閩第一世代；火德公生三子；長子三一郎，遷居閩南漳州府南靖縣；次子三二郎，字朝宗，後

裔遷居廣東省嘉應連平、惠州、潮州等地；三子三三郎，字朝美，後裔居士杭縣、官田、閩西等地。火德公之父珠公祖籍地隴西即今之甘肅省鞏昌府隴西縣，宋末兵亂輾轉遷台福建省邵武再遷至福建省長汀府（汀州）寧化縣。李氏大宗祠（火德公總祠）在福建上杭縣稔田鄉官田村，始建於西元一八三六年（清道光十六年）。

國家圖書館出版品預行編目(CIP)資料

飲水思源——我的一生/ 李鏡輝著. -- 初版.

　-- 臺北市：萬卷樓，2013.03

　　面；　公分. --（文化生活叢書）

ISBN 978-957-739-792-8(精裝)

1.李鏡輝 2.臺灣傳記

　　　　783.3886　　　　　102002131

飲水思源——我的一生

2013 年 3 月 初版 精裝

ISBN 978-957-739-792-8　　　　　　　　　　定價：新台幣 **200** 元

作　　者	李鏡輝	出　版　者	萬卷樓圖書股份有限公司
發 行 人	陳滿銘	編輯部地址	106 臺北市羅斯福路二段 41 號 9 樓之 4
總 編 輯	陳滿銘	電話	02-23216565
副總編輯	張晏瑞	傳真	02-23218698
編　　輯	吳家嘉	電郵	editor@wanjuan.com.tw
編　　輯	游依玲	發行所地址	106 臺北市羅斯福路二段 41 號 6 樓之 3
封面設計	周兌股份	電話	02-23216565
	有限公司	傳真	02-23944113
		印　刷　者	晟齊實業有限公司

如有缺頁、破損、倒裝　　　網 路 書 店　　www.wanjuan.com.tw

請寄回更換　　　　　　　　劃 撥 帳 號　　15624015